MW01705229

Dans la collection « L'histoire illustrée »
aux Éditions Ouest-France :
(dirigée par Lucien Bély)

La France des châteaux forts, D. Alexandre-Bidon, F. Piponnier, P. Joubert
Histoire de Paris, A. Barbé, D. Lordey
Louis XIV, L. Bély, J.-P. Colbus
La Révolution française, B. Grosjean, J.-P. Colbus
La Vie au Moyen Âge, M. Zimmermann, J.-P. Colbus
Druides et Celtes, G. Garriga, P. Forni ; J.-N. Rochut
Les Hommes de la Préhistoire, J.-L. Monnier, P. Joubert
Lettres de mon moulin, A. Daudet, J.-N. Rochut
Une histoire de la Bretagne, J. Markale, P. Pellerin
Une histoire de la France, L. Bély, P. Joubert (traduit en anglais)
Une histoire du Mont-Saint-Michel, L. Bély, P. Joubert (traduit en anglais et en allemand)
Une histoire de la Normandie, J. Favier, P. Pellerin

Maud Ovazza

Les chevaliers de la Table Ronde

Illustrations de Jean-Noël Rochut

Éditions Ouest-France
13, rue du Breil, Rennes

Naissance de Merlin

Un jour, le Diable entra dans une fureur noire : le Christ, lors de sa descente en enfer, avait délivré les pécheurs qui s'y trouvaient ; en outre, tous les hommes qui croyaient en lui et regrettaient leurs fautes seraient sauvés ! Il rassembla donc tous ses démons, afin de résoudre l'épineux problème : comment pousser les humains au mal, pour remplir l'enfer ? Après longues plaintes et palabres interminables, un serviteur du Malin eut une idée : l'un de ses confrères, capable de prendre forme humaine, n'aurait qu'à s'unir à une femme. L'enfant qui naîtrait, fils du Diable, deviendrait son instrument.

La vengeance fut longuement préparée. Le démon choisit une famille heureuse et paisible, puis se mit à la persécuter : tout d'abord, les troupeaux disparurent, puis la mère tomba malade et mourut. Le Diable alors étrangla le fils et, devant tant de malheurs, le père se pendit. Seules restèrent les trois filles. Deux d'entre elles, poussées par le démon, se prostituèrent ; l'aînée fut jugée selon la coutume. On la condamna a être enterrée vive. La troisième, elle, avait pris conseil d'un saint homme, auquel elle obéit en tout. « Continuez à croire en Dieu et à le prier », lui dit-il. « Prenez garde à ne jamais vous mettre en colère.

Faites un signe de croix chaque fois que vous vous lèverez et que vous vous coucherez. Ainsi serez-vous protégée. N'oubliez pas de toujours garder de la lumière avec vous, où que vous soyez, car le Diable a celle-ci en horreur. Si vous faites bien cela, jamais vous ne tomberez en son pouvoir. »

Elle vécut ainsi pendant deux ans. Le Diable ne décolérait pas. Allait-il échouer à cause d'une simple jeune fille ? Il résolut de la mettre en colère, par surprise. Il fit revenir à la maison la plus jeune sœur décidée à réclamer sa part d'héritage. Comme elle était venue avec une joyeuse troupe de garçons, la sainte fille, à cette vue, oublia ses promesses… et se mit si fort en colère que, au moment de se coucher, elle oublia de faire le signe de la croix. Le Diable profita de la nuit pour se glisser dans son lit…

Quelques semaines plus tard, la vérité ne pouvait plus être cachée : la jeune fille était enceinte. Mais elle se montrait incapable de comprendre ce qui s'était passé et encore plus de nommer le père de l'enfant. Les juges auraient dû la condamner à mort pour son inconduite ; cependant le jugement fut reporté après la naissance : l'enfant n'était responsable de rien, sa mère seule devait être jugée.

La jeune fille fut enfermée dans une tour avec deux femmes. On leur passait de la nourriture grâce à un panier qu'elles hissaient jusqu'à la pièce où elles se trouvaient.

Son conseiller avait simplement dit à la future mère : « Dès que votre enfant sera né, faites-le baptiser immédiatement. »

Lorsque l'enfant vint au monde, il était couvert de poils et effraya même sa mère, qui le fit malgré tout baptiser aussitôt du nom de Merlin.

Enfance et jeunesse de Merlin

Merlin grandit rapidement : à dix-huit mois, il semblait un enfant de trois ans. Mais il possédait surtout un don extraordinaire : parce qu'il était fils du Diable, il connaissait tout du passé ; et comme sa mère était restée fidèle à Dieu, celui-ci avait donné à l'enfant la connaissance de l'avenir.

Le jour du jugement était proche. Comme la jeune femme s'inquiétait, Merlin déclara : « Ne vous faites aucun souci, mère, il ne vous arrivera rien tant que je serai là ! » Elle resta muette de surprise en entendant parler le bébé, mais reprit confiance.

Devant les juges, Merlin démontra l'innocence de sa mère de façon éclatante. Elle retrouva la liberté.

Merlin atteignit l'âge de sept ans. Un jour qu'il jouait avec des gamins de son âge, deux hommes à cheval passèrent. Ils cherchaient, sur un ordre royal, un enfant né sans père. En effet, le roi Vortigern avait décidé de faire bâtir une grande tour. Or, dès que ses murs s'élevaient au-dessus du sol, celle-ci, en une nuit, s'écroulait. Les prêtres et les devins, convoqués déclarèrent : « La tour ne s'écroulera plus lorsqu'on aura répandu sur ses fondations le sang d'un enfant né sans père. »

Merlin, qui savait ce que cherchaient les deux hommes, se mit à tricher ; ses camarades crièrent : « C'est bien tout ce que peut faire un garçon qui n'est pas capable de dire le nom de son père ! Nous ne voulons plus jouer avec un garçon sans père ! » Les messagers du roi s'approchèrent pour emmener Merlin. « Je sais pourquoi vous venez », dit celui-ci. « Je suis celui que vous cherchez. Je vais aller avec vous. »

Ils arrivèrent devant le roi. Merlin ne laissa même pas à celui-ci le temps de poser une question. « Ta tour ne peut tenir debout pour la raison que voici : à l'emplacement où tu veux la faire construire se trouve un lac souterrain. Dans ce lac, sous deux roches, dorment un dragon rouge et un dragon blanc. Lorsque la tour devient trop lourde, elle les gêne ; ils se retournent et elle s'écroule. Fais creuser la terre et assécher le lac, tu verras si je dis vrai. »

Vortigern fit comme Merlin l'ordonnait. On trouva l'eau, les deux roches et les deux dragons, l'un rouge, l'autre blanc. Ils s'éveillèrent, et, au grand effroi de tous les spectateurs, se mirent à combattre en crachant des flammes. Enfin le dragon blanc tua le dragon rouge. Le calme revint.

Vortigern demanda à Merlin la signification de tout ceci. « Le dragon rouge, roi, c'est toi. Le blanc, ce sont les fils du roi que tu as chassé pour prendre son trône. Ils vont revenir et te tuer, ils vont reprendre leur royaume. »

Trois mois plus tard en effet, Penndragon et Uter, les fils de l'ancien roi, débarquèrent et tuèrent Vortigern, qui brûla dans son château, comme le dragon avait brûlé sous les flammes lancées par le dragon blanc.

Penndragon fonde la Table Ronde

Après la mort de Vortigern, Penndragon devint roi de Bretagne. Son frère Uter resta avec lui. Le nouveau souverain entendit parler de Merlin. Il demanda à celui-ci de devenir son conseiller et de l'aider à résoudre les problèmes que poserait le royaume. « Volontiers, sire. Je m'occuperai toujours de vos affaires et de celles de votre royaume. À une condition cependant : il faut parfois que je reste éloigné des hommes. Vous devrez accepter mes absences, sans m'en demander compte. Sachez que je penserai à vous avant tout autre, et que je vous conseillerai chaque fois que vous me le demanderez. »

Quelque temps plus tard, les Saxons déclarèrent la guerre à Penndragon. Celui-ci fit appel à Merlin, qui le conseilla. Le roi fut vainqueur. Mais les Saxons revinrent. Lors de cette seconde bataille, Penndragon fut tué. Son frère Uter prit le commandement et repoussa définitivement les envahisseurs. Puis il fit des funérailles solennelles au roi défunt. Pour entourer la tombe, Merlin transporta magiquement d'énormes pierres d'Irlande jusqu'à la plaine de Salisbury, dans le sud de l'Angleterre : c'est le grand monument circulaire de pierres dressées que l'on admire encore aujourd'hui : Stonehenge.

Uter monta à son tour sur le trône et prit le nom d'Uterpenndragon. À sa demande, Merlin continua de le conseiller comme il avait conseillé son frère, et Uter devint un excellent roi.

Un jour Merlin se présenta devant lui et lui dit : « Roi, vous savez que, après la mort de Notre-Seigneur, un homme réclama son corps et l'ensevelit. Puis Notre-Seigneur ressuscita. L'homme partit avec sa famille et beaucoup d'autres gens. Ils arrivèrent dans un désert où ils souffrirent de la faim. Notre-Seigneur ordonna à cet homme de faire une table, d'y poser un vase qu'il avait avec lui, dans lequel il avait recueilli le sang du Christ. En souvenir de la Cène, le repas que Jésus prit avec ses disciples, où Judas le trahit, ce vase eut le pouvoir de rassasier les bons. Les méchants, eux, repartaient le ventre vide. En signe de respect pour le Fils de Dieu, une place resta inoccupée. On appela le vase "Graal". La place vide sera remplie le jour où Notre-Seigneur le voudra, par celui qu'il désignera. Roi, si vous le voulez bien, créez une autre table comme celle de la Cène et celle de l'homme qui ensevelit le Christ. Vous en deviendrez célèbre pour les siècles à venir. Je vous aiderai dans cette tâche. »

Uterpenndragon accepta. Il convoqua tous ses chevaliers pour la Pentecôte. Merlin choisit les meilleurs, qui prirent place autour de la grande table ronde que le roi avait fait fabriquer. Et ils demeurèrent à la cour. Une place restait vide, mais seuls Merlin et Uterpenndragon savaient ce que cela signifiait.

Après ces événements, Merlin quitta le roi, car celui-ci n'avait plus besoin de lui.

Arthur

Les mois passèrent. Uterpenndragon prit pour épouse Ygerne, la veuve du duc de Tintagel. Elle avait déjà trois filles, dont les enfants furent célèbres : Gauvain, Gaheriet, Mordret et Morgane, la fée Morgane, qui connaissait les plantes et la magie.

Uterpenndragon et Ygerne eurent un fils, Arthur. Le roi confia l'enfant à Merlin. Celui-ci fit nourrir le bébé par la femme d'un seigneur dont le fils, Keu, venait de naître. Les deux enfants grandirent ensemble, surveillés de loin par Merlin.

Un jour, le roi Uterpenndragon tomba malade et mourut. Personne ne savait qu'il avait eu un fils. Il fallait donc élire un nouveau souverain. Les conseillers décidèrent que le choix aurait lieu à Noël.

L'archevêque, avant de célébrer la messe de la Nativité, s'avança devant l'autel : « Seigneurs et dames », dit-il, « priez Notre-Seigneur pour qu'il nous envoie un roi digne de régner. Nous nous disputons pour savoir si tel est meilleur que tel autre. Comment pourrions-nous choisir ? Prions. Que Dieu nous aide ! »

Au moment de l'Offertoire, un grand bruit retentit. Et l'on vit soudain devant le portail de l'église une enclume sur un socle de pierre carré. Dans l'enclume était fichée une épée. L'archevêque sortit, bénit l'objet merveilleux et lut l'inscription que portait la lame : « Qui pourra tirer l'épée sera le roi choisi par Jésus-Christ. »

Tous les chevaliers présents voulurent tenter leur chance. En vain : ils épuisèrent leurs forces, la lame ne bougeait pas le moins du monde. Alors, de guerre lasse, ils décidèrent d'aller se distraire en organisant un tournoi.

Keu, le frère de lait d'Arthur, armé chevalier par son père quelques jours auparavant, voulut participer aux joutes. Il appela le garçon qui lui tenait lieu d'écuyer, pour qu'il l'aidât à s'armer. Lorsqu'il fut prêt à enfourcher son cheval, Keu s'aperçut qu'il avait oublié son épée. « Va la chercher, elle est dans ma chambre ! Dépêche-toi, Arthur ! » L'adolescent courut jusqu'à la maison, trouva la porte fermée, et resta perplexe. Comment revenir sans épée ? Keu serait furieux de ne pouvoir prendre part au tournoi ! Il retourna lentement sur ses pas. Passant devant l'église, il aperçut l'épée enfoncée dans l'enclume. « Voilà mon affaire ! Keu aura une épée. »

Aussitôt Arthur s'approcha, mit la main sur la poignée et tira. L'épée glissa comme d'elle-même hors du métal et de la pierre. La lame scintillait, le fil était particulièrement aiguisé. Une arme magnifique ! Le garçon se mit à courir, et remit l'épée à Keu. Celui-ci la reconnut sur-le-champ, alla la montrer à son père, et lui déclara qu'il avait pu la prendre. Il devait donc devenir roi.

« Très bien. Puisque tu l'as prise une fois, tu recommenceras aussi facilement. » Le vieil homme ficha de nouveau la lame dans l'enclume. Elle reprit parfaitement sa place. « Vas-y, Keu. Retire-la ! » Keu eut beau s'épuiser, l'épée ne broncha pas plus que si un papillon l'eût touchée. Le garçon dut reconnaître que c'était Arthur qui lui avait apporté l'arme. « Approche, Arthur. Essaye à ton tour ! » Dès que le fils d'Uterpenndragon eut effleuré la poignée, l'épée glissa sans résistance.

Le père de Keu alla chercher l'archevêque et les nobles du royaume. L'expérience fut renouvelée. Seul, Arthur, manifestement, pouvait sortir l'épée de l'enclume. Aucun autre ne parvenait même à l'ébranler sur son socle. On décida alors qu'Arthur serait couronné à la prochaine fête de Pentecôte.

Le sacre eut lieu au cours de fêtes extraordinaires. Au moment où l'archevêque plaçait la couronne sur la tête d'Arthur, et lui remettait le sceptre, l'enclume et le bloc de pierre disparurent.

La Table Ronde et la Quête du Graal

Arthur régnait. À sa cour se trouvaient réunis les meilleurs chevaliers : Gauvain, son neveu ; Lancelot, qui avait été élevé par une fée, la Dame du Lac ; Keu, le frère de lait du roi ; et beaucoup d'autres aussi valeureux. Si bien que Merlin déclara un jour : « Parmi tous ces chevaliers, je vais choisir les douze meilleurs, sire. Vous les réunirez autour de la Table Ronde qu'a restaurée Uterpenndragon, votre père. »

Ainsi fut fait. Lorsque les douze furent devant la Table, ils virent que leurs noms s'étaient inscrits sur les fauteuils de pierre qui leur étaient réservés. Sur le Siège Interdit, on pouvait lire : « Seul le meilleur chevalier du monde pourra s'asseoir ici. »

Ni Gauvain, ni Lancelot, ni aucun autre n'osa se proclamer le meilleur et tenter le sort. D'ailleurs leur place était marquée. Chacun fut un peu vexé de ne pas être désigné le meilleur, mais ils avaient été choisis pour siéger autour de la Table, et ils se rassérénèrent à cette idée.

Lorsqu'ils furent tous assis, sous la présidence d'Arthur, couronne en tête et sceptre à la main, Merlin apparut. « Vous savez ce qu'est la Table Ronde, elle est célèbre. Vous connaissez aussi son histoire. Mais vous voyez que manque le Graal, le vase précieux qui contente les désirs des bons et repousse les méchants. Ce Graal a été confié au Roi-Pêcheur. Celui-ci est vieux et malade. Il ne pourra mourir que lorsque le meilleur chevalier, celui qui sera digne du Graal, sera parvenu au château où il demeure. Il faudra demander au Roi-Pêcheur à quoi a servi et à quoi sert ce vase. Alors seulement le vieux roi guérira, et pourra mourir. Le chevalier deviendra à son tour le gardien du Graal, c'est-à-dire gardien du sang de Jésus-Christ, qui fut recueilli dans ce Saint Vase le Vendredi de la Passion. »

Les douze chevaliers restèrent silencieux. Merlin reprit : « Partez tous en quête, à la recherche du château du Roi-Pêcheur. Sachez que vous rencontrerez des aventures, plaisantes ou effrayantes, à votre mesure. Chaque victoire vous fera accomplir un progrès, vous vous améliorerez. Ainsi l'un d'entre vous deviendra-t-il digne de l'aventure suprême, du Graal ! Cependant, revenez tous les ans ici, auprès de votre roi, pour comparer ce qui vous sera arrivé, et partir au secours de ceux qui ne seront pas revenus. »

Sur ce, Merlin disparut.

Un peu abasourdis, les douze chevaliers s'entre-regardèrent. La grandeur de la tâche les effrayait et les enthousiasmait à la fois. Avoir été jugés dignes de la Quête du Graal ! Ils risqueraient cent fois leur vie, mais en retireraient une telle gloire ! Et qui sait ? Peut-être Lancelot, ou Gauvain, ou Bohort, ou Yvain, mais pourquoi pas un autre, parviendrait au château du Roi-Pêcheur ? Ils se levèrent dans un grand brouhaha, allèrent se préparer pour le départ. Seul, Arthur restait un peu mélancolique : le roi devait s'occuper de son royaume et ne pouvait courir les routes. Merlin le lui avait rappelé, mais lui avait assuré aussi que son nom resterait attaché à celui de la Table Ronde, et que sa renommée serait immense. Cela le consolait un peu.

Plusieurs années passèrent.

Régulièrement, les douze revenaient à la cour. Ils avaient lutté contre de nombreux adversaires, été eux aussi blessés ; ils avaient tué des géants, délivré des prisonniers, sauvé de jeunes filles ou de jeunes femmes en péril, débarrassé le pays de tous les dragons et monstres qui y faisaient régner la terreur. Quand l'un d'entre eux ne revenait pas, tous abandonnaient la Quête, avec l'accord d'Arthur, et partaient à la recherche du disparu. C'était encore l'occasion d'autres exploits. Lorsque l'un d'entre eux mourait, ce qui était rare, il était aussitôt remplacé : un autre nom apparaissait sur le fauteuil du défunt, et le nouvel élu, fier et heureux, partait à l'aventure à son tour.

Mais jamais aucun ne vit le château du Roi-Pêcheur, et la Quête continuait sans relâche.

Perceval

On ne parlait plus, dans les châteaux des seigneurs ou dans les cabanes des paysans, que du roi Arthur, de la Table Ronde et des exploits des chevaliers.

Pendant ce temps, loin de la cour, dans une immense forêt, un jeune garçon chassait. Sa mère ne voulait pas qu'il eût des armes, mais il avait réussi à se fabriquer, tant bien que mal, des javelots. Et il savait s'en servir. Aucun animal ne lui échappait, s'il avait décidé de s'en emparer.

Un jour, il vit venir vers lui trois êtres étranges : cela avait quatre pattes, une tête qui pouvait être celle d'un cheval, mais c'était recouvert de métal bruyant et brillant, et, au milieu du corps, on voyait une sorte de tronc humain, métallique et sans visage ! Le garçon lança ses javelots, qui retombèrent sans avoir pu même entamer la peau de l'un des monstres ! Il voulut fuir, mais celui-ci se mit au galop et le rattrapa.

« Eh bien ! Où cours-tu ? Nous n'allons pas te dévorer, nigaud ! De quoi as-tu peur ? Comment t'appelles-tu ?

— Perceval… Vous n'êtes donc pas des monstres ?

— Bien sûr que non !

— Attendez. Ma mère m'a dit que si je faisais un signe de croix, les monstres du Diable disparaîtraient. »

Il se signa. Les trois êtres éclatèrent de rire… et demeurèrent là.

« Bon. Si vous n'êtes pas des monstres du Diable, vous êtes des anges. Ma mère m'a dit que les anges étaient brillants et riaient de bonheur ! »

Et il s'agenouilla.

« As-tu fini, enfin ? A-t-on jamais vu pareil ignorant ? Nous sommes des chevaliers de la Table Ronde, et nous avons perdu notre chemin. Indique-nous comment on sort de cette forêt ! »

Enfin rassuré, l'adolescent expliqua ce qu'on lui demandait. Puis, ayant aperçu les armes des trois hommes, il demanda des explications sur tout : la lance, l'épée, l'armure, les éperons. Lorsqu'il eut épuisé toutes les questions, les trois chevaliers remirent leurs montures en route.

« Eh ! Dites ! Je veux devenir chevalier, avoir des armes et briller au soleil comme vous ! Que dois-je faire ?

— Va à la cour du roi Arthur et demande-lui de te faire chevalier ! »

Et les trois compagnons s'éloignèrent dans un éclat de rire.

Cependant, Perceval avait ramassé ses javelots, émoussés par le choc sur les armures. Il retourna chez lui à toutes jambes. « Mère, mère ! Je veux partir ! Je veux être chevalier ! Je vais voir le roi Arthur et il me fera chevalier ! »

Lorsque sa mère l'entendit parler ainsi, elle se mit en colère, et refusa d'écouter son fils. Celui-ci revint à la charge plusieurs fois. La pauvre femme eut beau pleurer, supplier, rien n'y fit. Le garçon sella un cheval, prit ses javelots réparés, puis partit, sans se retourner. Il ne vit pas que sa mère l'avait suivi sur le seuil et qu'elle s'effondra dès qu'elle l'eut perdu de vue. Elle était morte de chagrin.

Perceval arriva à la cour, parvint jusqu'à Arthur. Vêtu de peaux et armé de ses javelots, il ne payait pas de mine. Le roi eut envie de rire. Le garçon s'en aperçut. Furieux, il sortit. Un chevalier venait de défier Arthur. L'adolescent le rejoignit, le défia à son tour et le tua. Le roi lui avait dit : « Reviens quand tu auras des armes dignes de ce nom. » Celles du chevalier mort lui auraient fort bien convenu, mais il ne savait comment les lui ôter. Il était en train de tirer le cadavre près d'un feu pour le cuire (« On vide bien un crabe cuit, et la carapace reste », pensait-il), lorsque Gauvain vint à son aide, riant sous cape. Il lui montra comment s'équiper, le ramena ensuite auprès du roi : « Sire, il faut tout lui apprendre, mais il ne manque ni de courage ni de valeur. Il vient de tuer celui qui vous a défié. Un jour, ce sera un bon chevalier ! »

C'est ainsi que Perceval resta à la cour.

On fit son éducation, on lui apprit à combattre loyalement, et enfin, le roi l'arma chevalier.

Le Siège Interdit

Devant les qualités de Perceval, Arthur, d'accord avec Merlin, décida de l'admettre à la Table Ronde.

Un dimanche donc, Perceval, fier et ému, fit son entrée dans la grande salle où se trouvaient la Table et les fauteuils de pierre. Les autres chevaliers l'accueillirent avec joie, car il avait déjà fait la preuve de son courage et de sa valeur.

Arthur fit signe que l'on pouvait prendre place. Perceval examinait la salle et aperçut le siège de pierre vide. « Roi, qu'est-ce que cela veut dire ? Pourquoi ce siège est-il inoccupé ?

— Il est réservé au meilleur chevalier du monde, comme tu le vois inscrit. Ce qu'il signifie, je n'ai pas le droit de te le dire. »

Perceval pensa qu'il pouvait bien être le meilleur et fit un pas vers le fauteuil de pierre.

« Arrête, Perceval. Tu ne sais pas ce que tu risques », s'exclama le roi. « Il y a trop de danger, n'approche pas !

— Pourquoi donc ? Pourquoi ne serais-je pas le meilleur chevalier du monde ?

— Un autre que toi, un jour, s'y est assis. Aussitôt, dans un bruit effroyable, la terre s'est ouverte sous lui, il y a été précipité au milieu des éclairs et de la fumée de l'enfer ! N'essaie pas, tu mourrais comme lui ! »

Perceval hésita, puis, soudain, prit sa décision : il s'assit sur le siège de pierre. Aussitôt la terre trembla, la pierre hurla comme de douleur et se fendit, l'obscurité se fit. Des éclairs scintillèrent, et enfin une voix s'éleva, forte et effrayante :

« Roi Arthur, tu as commis une faute en laissant Perceval s'asseoir sur le siège vide ! Il n'est pas encore le meilleur chevalier du monde, et son audace lui amènera de grandes épreuves. S'il n'a pas été englouti, c'est grâce à l'intervention de son père et de son grand-père, qui furent si bons ! Perceval est le petit-fils du Roi-Pêcheur, gardien du Graal. Mais sache que seul parviendra au château du Roi-Pêcheur le chevalier meilleur que tous les autres, qui aura accompli à lui seul autant d'exploits que tous ceux qui se trouvent ici. Ce jour-là, le Roi-Pêcheur sera guéri, et le siège fendu se réparera de lui-même. »

La voix se tut. La lumière du jour revint. Tous se regardèrent. Perceval était toujours là. Il bondit sur ses pieds et déclara : « Roi, je jure de ne jamais passer deux nuits au même endroit jusqu'à ce que j'aie trouvé le château du Roi-Pêcheur et demandé à quoi sert le Graal. »

Les chevaliers de la Table Ronde, Gauvain, Lancelot, Erec, Sagremor et les autres se levèrent à leur tour, et firent le même serment. Arthur leur donna la permission de se retirer pour préparer leur départ.

L'Orgueilleux de la lande

Ils partirent ensemble, mais au bout de peu de temps, Perceval les interpella : « Si nous continuons ainsi, nous n'aurons que peu de chances de trouver le château du Roi-Pêcheur. Séparons-nous et cherchons chacun de notre côté. Cela vaudra mieux ! » C'était une parole de bon sens. Ils bivouaquèrent. Au matin, ils se séparèrent.

Perceval atteignit bientôt l'orée d'une forêt dans laquelle il s'enfonça. Il passa la nuit à défendre son cheval contre les bêtes sauvages. À l'aube, il repartit, et aperçut dans une clairière une scène étrange : un chevalier en armes était étendu sur le sol, une lance plantée en pleine poitrine, une épée enfoncée au milieu du crâne. Près de lui, son cheval, tranquille, et une jeune fille en pleurs qui se lamentait. Lorsqu'elle aperçut Perceval, elle se redressa, le salua, puis se remit à pleurer.

« Demoiselle, qu'avez-vous ? Qui est ce chevalier ?

— Seigneur, c'était mon ami. Il m'a sauvée : un géant voulait m'épouser et faisait la guerre à mon père. Celui-ci, un jour, partit demander secours au roi Arthur. Le géant l'apprit, se précipita chez nous, m'enleva. Mon ami, que vous voyez ici mort, le malheureux, entendit mes cris. Il attaqua le géant, parvint à lui couper la tête. Puis il me fit monter devant lui sur son cheval. Hier matin, nous avons trouvé sur notre chemin une grande tente. Nous avons fait halte. Les jeunes filles qui étaient à l'intérieur m'ont bien accueillie ; mais lorsqu'elles virent mon ami, elles fondirent en larmes. Alors arriva un nain horrible, juché sur un mauvais cheval ; il tenait à la main un fouet.

— Maudits soyez-vous ! Vous avez osé entrer sous la tente de l'Orgueilleux de la Lande ! Mon maître en tirera vengeance !

« Et il me frappa de son fouet au visage, puis saisit le mât qui soutenait la tente. Celle-ci s'abattit sur nous. Nous réussîmes à nous dégager, et nous nous éloignâmes.

« À peine avions-nous un peu chevauché qu'un orage parut se lever. Il nous semblait entendre le tonnerre rouler ! Mais c'était un chevalier immense, entièrement couvert d'une armure rouge, qui se précipitait sur nous, au galop de son cheval caparaçonné de rouge.

— Vous avez osé entrer sous ma tente puis l'abattre ! Vous en mourrez ! cria-t-il en attaquant mon ami. Celui-ci se défendit avec courage, mais l'Orgueilleux de la Lande le transperça de sa lance, et lui fendit la tête d'un coup d'épée. Voilà mon histoire, voilà pourquoi je pleure. Que faire d'autre ?

— Venir avec moi », rétorqua Perceval. « Cet Orgueilleux va apprendre que l'orgueil est toujours puni ! Montrez-moi le chemin jusqu'à son domaine ! »

Ils partirent tous deux. Bientôt, ils arrivèrent devant la tente, mirent pied à terre et entrèrent. Les événements de la veille se reproduisirent exactement : le nain surgit, injuria Perceval. Celui-ci, furieux, lança l'avorton à terre, où il resta étalé sans mouvement. Puis l'Orgueilleux de la Lande, dans un bruit de tonnerre, lança son défi et attaqua. Seulement Perceval n'était pas un adversaire si facile que le précédent ; après un combat acharné, ce fut l'Orgueilleux qui, jeté au sol, dut demander grâce.

« Je te l'accorde », dit Perceval, « mais à deux conditions. Tu empêcheras ton nain d'injurier qui que ce soit, et tu ne défieras plus personne, sinon pour des motifs honorables. Pour le moment, tu vas emmener la demoiselle qui m'accompagne à la cour du roi Arthur. Tu la confieras à la reine. Toi, tu te déclareras prisonnier du roi. Dis-lui que c'est Perceval qui t'envoie. »

Ainsi fut fait. Perceval, lui, reprit son chemin, se demandant où et quand il trouverait le château du Roi-Pêcheur.

Le cerf blanc et le chevalier du tombeau

Perceval chevauchait, chevauchait encore. Il sortait d'une forêt pour traverser une plaine, entrait de nouveau dans une forêt… Tant et si bien qu'un jour, il se trouva devant un château dont la porte était ouverte. Il entra, appela… Personne. Il fit le tour du château. Celui-ci semblait désert. Perceval revint dans la grande salle.

Devant une fenêtre, sur une table, il aperçut un magnifique jeu d'échecs. Comme il appréciait énormément ce jeu, auquel il était de toute première force, il s'assit, et décida de jouer contre lui-même. Il manipula une pièce.

Surprise ! L'échiquier se mit à déplacer les pièces adverses ! Étonné, Perceval continua tout de même la partie… Un peu penaud, il dut reconnaître que l'échiquier était plus fort que lui ! Une première fois, échec et mat !

« Très bien ! J'aurai ma revanche ! »

Échec et mat une seconde fois.

« Ah non ! Je ne perdrai pas cette partie-ci ! Ce n'est pas un échiquier, fût-il magique, qui me battra à trois reprises ! »

L'échiquier gagna encore. Perceval, alors, saisit les pièces et se disposa à les jeter par la fenêtre dans la rivière qui bordait le château. Aussitôt s'éleva une voix de femme :

« Chevalier, arrêtez ! Ces échecs ne vous ont fait aucun mal. Si vous les jetez dans l'eau, vous en commettrez un immense !

— Demoiselle ! Je ne vous vois pas. Descendez jusqu'ici et je ne jetterai pas les échecs ! »

La demoiselle résista d'abord, puis finit par céder. Lorsqu'il la vit, Perceval fut ébloui de sa beauté. Elle l'accueillit avec gentillesse, le confia à ses servantes qui le désarmèrent et le baignèrent. Quand il fut reposé, la jeune femme le rejoignit dans la salle.

« Chevalier, il faut que vous me rendiez un grand service. Vous allez me rapporter la tête du cerf blanc qui vit dans la forêt. Je vais vous donner pour vous aider un chien braque. Il vous mènera au cerf sans hésitation. Vous me le ramènerez ensuite, promettez-le. »

Perceval promit et, dès l'aube du lendemain, partit sur les talons du chien. Celui-ci filait comme le vent. Ils ne tardèrent pas à trouver la piste du cerf blanc. Perceval attrapa la superbe bête, la tua et lui coupa la tête.

Aussitôt arriva une vieille femme à cheval. Sans dire mot, elle s'empara du chien. Perceval, outré, lui réclama l'animal.

« Je ne vous le rendrai certes pas. Vous l'avez sans doute volé ! Pour que je vous le donne, vous devrez vous rendre au cimetière et combattre le chevalier du tombeau. Allez devant la plus grande sépulture, injuriez le chevalier et attendez ! »

C'est ce que fit Perceval. Aussitôt, il entendit arriver sur lui, à grand bruit, un chevalier gigantesque entièrement armé de noir. Effrayé, Perceval se signa. Le combat commença. Ce fut le plus dur qu'eut jamais soutenu le jeune homme, bien plus rude que celui qu'il avait livré à l'Orgueilleux. Enfin, le chevalier noir eut le dessous : Perceval le blessa à la tête.

À ce moment surgit par-derrière un autre chevalier qui s'empara du chien et de la tête du cerf blanc. Perceval se détourna un instant. Le chevalier du tombeau en profita pour s'enfoncer dans son domaine, et ne répondit plus, malgré les appels furieux de Perceval.

Celui-ci décida alors de se lancer à la poursuite de son voleur. Il n'avait plus que cela à faire, puisqu'il devait tenir la promesse faite à la jeune fille : rapporter la tête du cerf blanc et le chien.

Perceval retrouve sa sœur

Chevauchant au hasard, car il n'y avait aucune trace du voleur, Perceval entra un jour dans une forêt qui lui sembla vaguement familière.

Il parvint à une maison. Une jeune femme l'accueillit, le fit entrer dans la salle. Lorsqu'ils furent assis, elle fondit en larmes.

« Qu'avez-vous ? Pourquoi pleurez-vous ?

— Je vais vous le dire. J'avais un frère, bien plus jeune que moi. Ma mère l'éleva seule, car notre père était mort. Un jour, il est parti pour la cour du roi Arthur. Il voulait que le roi le fasse chevalier. Ma mère en est morte de chagrin. Il doit être mort aussi.

— Il est vivant ! C'est moi. Je suis votre frère, je suis Perceval. »

La demoiselle le regarda, le reconnut. Aussitôt elle lui sauta au cou et l'embrassa : « Maintenant, vous ne partirez plus ! Vous demeurerez ici avec moi ! »

Perceval refusa.

Il lui expliqua que la Quête du Graal le réclamait. Il devait repartir à la recherche du château du Roi-Pêcheur. Il fallait aussi qu'il retrouvât le chien et la tête du cerf blanc qu'on lui avait dérobés.

« Venez alors avec moi chez notre oncle ermite. Il habite tout près d'ici. C'est un homme très sage. Il pourra vous donner de bons conseils. Il sait tant de choses ! »

Perceval fut tout heureux de ces paroles : peut-être l'ermite connaissait-il le voleur, ou même le château du Roi-Pêcheur ?

Lorsqu'ils arrivèrent chez leur oncle, au cœur de la forêt, ils trouvèrent celui-ci devant sa cabane. Il les fit entrer. La porte était si basse que Perceval dut se courber pour pénétrer dans l'humble cellule. Le vieillard leur servit une collation frugale : du pain, des fruits sauvages et de l'eau. Puis il s'adressa à la jeune fille :

« Eh bien ! ma nièce, qui est ce chevalier qui vous accompagne ? Est-ce votre ami ? Ou bien vous a-t-il enlevée ?

— Non, mon oncle, c'est Perceval, mon frère, votre neveu. »

L'ermite se tourna alors vers celui-ci :

« Dites-moi, mon neveu, êtes-vous déjà parvenu au château du Roi-Pêcheur, votre grand-père ?

— Non, mon oncle. J'ai rencontré beaucoup d'aventures, mais jamais je n'ai trouvé le chemin du château. Pourtant, je l'ai cherché !

— Vous n'en étiez pas digne, mon neveu. Pour parvenir à votre but, il faut que vous vous conduisiez parfaitement : épargnez tous les chevaliers que vous vaincrez, ne les tuez jamais. Priez Dieu qu'il ait pitié de vous, car vous avez causé la mort de votre mère. Souvenez-vous-en, ne commettez plus de péché. Il vous faut racheter cette faute. Alors seulement, vous trouverez le château du Roi-Pêcheur. »

Perceval et sa sœur prirent alors congé de l'ermite et s'en retournèrent vers leur demeure. Le lendemain, malgré le chagrin de la demoiselle, Perceval repartit.

La demoiselle Hideuse

Perceval cheminait, pensif. Soudain, il vit venir vers lui un chevalier qui tenait en selle devant lui une bien étrange demoiselle. C'était la plus laide qu'on eût jamais vue ! Elle était toute petite, tordue et bossue. Son cou et ses mains étaient plus noirs que le fer, ses yeux étaient rouges comme la braise, ses cheveux rassemblés en une tresse noire semblable à une queue de rat. Avec cela, elle se tenait en selle comme une grande dame, toute fière !

Perceval ne put s'empêcher d'éclater de rire.

« Dites-moi, chevalier, qu'est ceci ? Un diable ou une femme ? Grand Dieu, vous avez une bien étrange idée de voyager en telle compagnie. »

Le chevalier ne répondit pas, s'arrêta et déposa sa compagne sur le sol. Seigneur, qu'elle était horrible ! Puis il se tourna vers Perceval :

« Sachez que vous venez d'insulter celle que j'aime. Pour moi, elle est la plus belle. Elle ne vous a pas entendu, heureusement : elle en serait morte. Mais je me vengerai ! Défendez-vous ! »

Il attaqua de toute son ardeur. Perceval se mit en garde, lance baissée. Le combat s'engagea à grands coups. Peu à peu, Perceval affaiblit son adversaire, qui se résolut à lui demander merci. Sa grâce accordée, il promit d'aller avec son amie à la cour d'Arthur, de la part de Perceval. Celui-ci reprit son chemin.

L'histoire raconte que la Demoiselle Hideuse, à la cour, fut accueillie par la reine, bien habillée, bien traitée, et que peu à peu, son aspect s'améliora au point qu'elle devint fort belle, à la grande fierté de son ami.

Le Gué aux Oiseaux

Perceval songeait aux moyens de reprendre le chien et la tête du cerf, ainsi qu'à la façon de trouver le château du Roi-Pêcheur. Tant et si bien que, sans s'en rendre compte, il arrivé près d'un gué. Sa monture assoiffée se mit à boire. Soudain, d'une tente dressée sur l'autre rive, sortit un chevalier en armes. Il se précipita au grand galop de son cheval sur Perceval :

« Chevalier, vous n'avez pas le droit de passer ce gué. Il faut payer, ou combattre ! »

Perceval ne s'était pas aperçu que son cheval était entré dans l'eau. Surpris, il leva la tête, et ne put que se mettre en garde. Le combat fut rude, cette fois encore, mais l'attaquant fut vaincu et demanda grâce.

« Jamais, si vous ne me dites qui vous êtes et pourquoi il est interdit d'abreuver ici son cheval !

— Mon nom est Urbain. Une nuit d'orage, j'ai été rejoint par une demoiselle qui chevauchait à bride abattue. Je l'ai suivie jusque dans un magnifique château. Elle est devenue mon amie, mais ne le restera que si je défends pendant un an le passage de ce gué. Nul qu'elle, ses amies et moi ne pouvons voir le château, ici tout près. Dans huit jours l'année se serait terminée. Mais vous m'avez vaincu, et si voulez garder le gué un an, c'est vous qui épouserez mon amie.

— Non. La seule chose que je veuille, c'est que le passage du gué soit libre. À ce prix, je te laisse la vie. »

Tandis qu'il parlait, Perceval entendit un bruit énorme, comme si la terre tremblait. L'obscurité se fit, une fumée opaque se répandit. Une voix retentit : « Maudit sois-tu, Perceval ! » Urbain alors le supplia de le laisser partir. Étonné, Perceval le retint. La voix reprit :

« Urbain, hâte-toi, ou tu m'auras perdue à jamais. »

Perceval ne cédait toujours pas. Soudain,

une nuée d'oiseaux noirs s'abattit en piaillant pour lui arracher les yeux. Urbain se lança à son tour sur lui. Le jeune homme se défendit de nouveau : il tua un oiseau, jeta une seconde fois Urbain à terre. En touchant le sol, l'oiseau se métamorphosa en une magnifique jeune femme, morte. Les autres se détournèrent de Perceval et emportèrent le corps dans les airs.

« Urbain, je te fais grâce. Que veut dire tout ceci ?

— Le bruit, la fumée, l'obscurité, tout cela vient de l'écroulement du château. Mon amie l'a détruit. C'est sa voix que tu as entendue. Comme tu ne me laissais pas partir, elle et ses compagnes t'ont attaqué sous la forme d'oiseaux, et je suis venu à leur aide. Celle que tu as tuée est la sœur de mon amie. Laisse-moi aller maintenant, je t'en prie. »

Perceval le lâcha. Aussitôt, des jeunes filles entourèrent joyeusement Urbain. Puis, tout aussi vite, chevalier, demoiselles, tente, chevaux disparurent. Perceval abasourdi se retrouva seul.

Perceval au château du Roi-Pêcheur

Il ne savait de quel côté diriger sa monture. Une voix retentit alors : « Perceval, je suis Merlin. Si tu es sage, tu m'obéiras. Va vers la droite. » Il regarda autour de lui, appela. Rien ni personne n'apparut. Aussi suivit-il l'avis de Merlin. Il arriva au bord d'une rivière et aperçut trois hommes dans une barque. Au milieu de l'esquif gisait un homme très vieux, étendu sur de riches étoffes. C'était le Roi-Pêcheur. Voyant Perceval, il lui cria : « Remonte le cours de la rivière, tu trouveras mon château. Je t'y attendrai. »

Après un long chemin, Perceval aperçut soudain le haut d'une tour, non loin d'une forêt qu'il avait arpentée en tous sens avant de trouver la rivière. Pourtant, il était bien certain que jamais il n'avait vu là trace de construction !

Il s'approcha. Le château était magnifique. On l'y attendait. Des serviteurs le désarmèrent et le menèrent à une grande salle. Le Roi-Pêcheur fit aussitôt servir un repas. On déposa le premier plat sur la table. À ce moment entra une demoiselle richement parée, qui portait un plat d'argent. Elle fut suivie par un jeune homme portant une lance dont le fer laissait couler goutte à goutte du sang. Vint enfin une jeune fille, les mains chargées d'un vase précieux, le Graal. Tous trois firent le tour de la table et entrèrent dans une chambre. Pendant leur passage les assistants s'étaient inclinés et priaient.

Perceval stupéfait avait bien envie de demander des explications à son hôte. Mais une des dernières paroles de sa mère lui revint en mémoire : « Ne pose jamais de questions sur ce que tu verras, quoi que tu puisses voir. Ainsi ne seras-tu pas indiscret. »

Les trois jeunes gens ressortirent de la chambre, firent de nouveau le tour de la table. Tous les assistants regardaient Perceval avec espoir, mais il ne prononça pas une parole. Les regards se ternirent. On continua le repas sans entrain, puis le Roi-Pêcheur fit donner une chambre à Perceval qui tombait de sommeil.

Le lendemain matin, celui-ci fut fort étonné de se trouver dans un château désert, comme mort. Son cheval, pansé, nourri et sellé, l'attendait dans l'écurie, mais il n'y avait personne nulle part. Le chevalier enfourcha son destrier et partit. Aussitôt, le château disparut : la forêt entourait Perceval. Il ne vit plus rien de l'édifice, pas même le sommet de la plus haute tour.

Non loin de là, il entendit des pleurs de femme. Une jeune fille se dressa sur son chemin. Il s'apprêtait à lui porter secours, lorsqu'elle s'écria :

« Perceval, maudit, infortuné ! Que tous les malheurs de la terre fondent sur toi ! Tu as vu le Roi-Pêcheur, tu es resté auprès de lui, tu as vu le Graal passer devant toi, et tu n'as rien su faire que te taire ! Tu pouvais sauver le Roi-Pêcheur, et tu as gardé le silence ! Maudit sois-tu ! Il suffisait que tu demandes qui on servait à l'aide de ce Graal ! Ce n'était pas compliqué ! Tu n'es pas si bon chevalier que tu le crois, tu es indigne de devenir le roi du Graal ! Voilà pourquoi je me lamente. »

Perceval, abasourdi par les reproches et la véhémence de la jeune fille, ne répondit pas. Il tourna bride, décidé à retourner au château et à poser les questions… Mais l'édifice semblait s'être évaporé, ou les sentiers de la forêt s'être compliqués à l'extrême. Perceval erra des jours, des semaines, des mois… En vain…

Un jour enfin, il retrouva le sourire : à un arbre, devant lui, pendait la tête du cerf blanc qui lui avait été dérobée. Dès qu'il l'eut prise, le chien braque revint vers lui. Mais aussitôt surgit le chevalier voleur, et le combat s'engagea. Bientôt Perceval eut le dessus ; son adversaire demanda grâce.

« Je vous l'accorde. Vous irez à la cour du roi Arthur vous déclarer prisonnier. Dites-moi cependant une chose : savez-vous où se trouve le château du Roi-Pêcheur ?

— Je n'en ai aucune idée. Et pourtant je peux vous dire que vous n'êtes pas le seul à le chercher. D'autres m'ont déjà posé la même question.

— Et où demeure la demoiselle à qui appartient ce chien ? Le savez-vous ?

— Prenez ce chemin, vous trouverez son château près d'ici. »

Perceval prit la tête du cerf, hissa le chien devant lui, s'éloigna. Il raconta ses aventures à la jeune fille, mais refusa de s'attarder et repartit à la recherche du château du Roi-Pêcheur.

Le Graal

Perceval erra sept ans par monts et par vaux, par plaines et forêts. Il rencontra nombre d'autres chevaliers qu'il vainquit et envoya à la cour du roi Arthur, mais le château restait introuvable. Ce qu'il ignorait, c'est que Merlin surveillait de loin les chevaliers de la Table Ronde, et que sa quête allait bientôt, après tant d'épreuves, se terminer.

Au bout des sept années, Perceval, par hasard, participa à un tournoi où il se distingua particulièrement. Après les joutes, un paysan demanda à le voir.

« Perceval, je te salue !

— Comment savez-vous mon nom ?

— Je te connaissais avant ta naissance ! Je suis Merlin, et c'est pour te parler que je suis là. Écoute ! Avant peu, tu trouveras ce que tu cherches. Mais cette fois, ne te conduis pas comme un jeune sot, pose des questions sur tout ce que tu vois ! »

Et le laboureur disparut, comme évanoui dans l'air.

Perceval fit seller son cheval, prit ses armes, et s'enfonça dans la forêt. Cette fois, les lieux où il passait lui semblaient familiers, les sentiers lui paraissaient clairs et faciles. Il arriva bientôt à un château qu'il reconnut avec un tressaillement de joie. Il mit son cheval au galop et parvint rapidement à la porte. Il entra sans hésiter. Rien ne semblait changé : l'accueil fut aussi agréable que lors de la première visite, le vieux Roi-Pêcheur lui ouvrit les bras en souriant, et demanda rapidement que fût servi un repas.

De nouveau, l'étrange procession défila devant les convives. Mais Perceval, qui avait compris la leçon de la demoiselle furieuse et celle, plus récente, de Merlin, demanda aussitôt : « Que signifient ce plat, cette lance qui saigne, ce vase ? À quoi et à qui servent-ils ? »

Sur-le-champ, le Roi-Pêcheur, vieux, malade, se transforma en homme âgé, certes, mais rempli de vigueur et de santé. De tous les points du château arrivèrent de jeunes gens : tous voulaient se prosterner aux pieds de Perceval. Il refusa, et se présenta au roi :

« Seigneur, je suis Perceval, votre petit-fils. »

À ces mots, la joie éclata de plus belle dans le château. Lorsque le calme fut un peu revenu, le Roi-Pêcheur prit Perceval par la main et l'amena devant le Graal.

« Sache, Perceval, que la lance que tu as vue est celle qui perça le flanc de Notre-Seigneur sur la croix le Vendredi Saint. En souvenir, elle ne cesse de saigner. Quant à ce Graal que tu vois, il contient le Sang versé par Notre-Seigneur. Devant lui ne peuvent demeurer que ceux qui n'ont commis aucun péché ; il leur donne à satiété tout ce qu'ils désirent, boisson, nourriture, bonheur. Maintenant, c'est toi qui en seras le gardien. »

Et il mit le Graal dans les mains de son petit-fils. Du vase s'exhalèrent une musique et un parfum merveilleux.

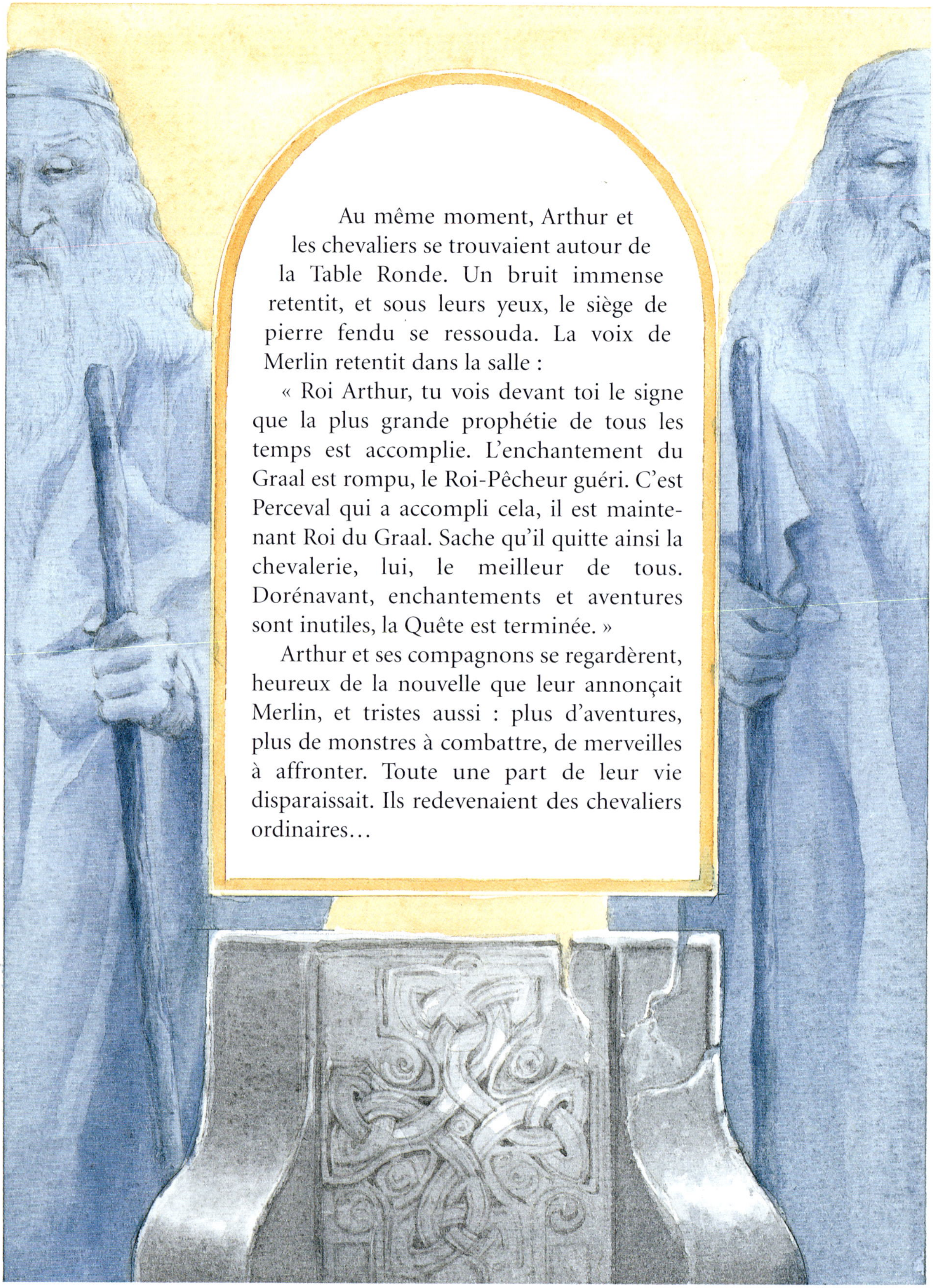

Au même moment, Arthur et les chevaliers se trouvaient autour de la Table Ronde. Un bruit immense retentit, et sous leurs yeux, le siège de pierre fendu se ressouda. La voix de Merlin retentit dans la salle :

« Roi Arthur, tu vois devant toi le signe que la plus grande prophétie de tous les temps est accomplie. L'enchantement du Graal est rompu, le Roi-Pêcheur guéri. C'est Perceval qui a accompli cela, il est maintenant Roi du Graal. Sache qu'il quitte ainsi la chevalerie, lui, le meilleur de tous. Dorénavant, enchantements et aventures sont inutiles, la Quête est terminée. »

Arthur et ses compagnons se regardèrent, heureux de la nouvelle que leur annonçait Merlin, et tristes aussi : plus d'aventures, plus de monstres à combattre, de merveilles à affronter. Toute une part de leur vie disparaissait. Ils redevenaient des chevaliers ordinaires…

La fin de la Table Ronde

Les compagnons d'Arthur ne tardèrent pas à s'ennuyer à la cour. Passer ses jours en banquets, courtiser les dames, s'exercer aux armes et jouter de temps à autre dans un tournoi, tout cela, pour si agréable que cela soit, ne remplace pas l'Aventure ! Certains choisirent donc de partir, et allèrent en demander l'autorisation au roi.

Sur le conseil de Keu, Arthur prit une décision : il irait combattre en France et jusqu'à Rome, pour étendre son royaume. Les chevaliers retrouveraient ainsi ce qui leur manquait tant.

L'armée partit et, très rapidement, la France et Rome furent soumises, leurs souverains détrônés, leurs territoires partagés entre les meilleurs chevaliers. Le roi allait souvent cependant combattre sur ses nouveaux domaines, car les habitants ne se soumettaient pas de bonne grâce.

Un jour donc, l'ancien empereur de Rome souleva la population contre le pouvoir d'Arthur. Celui-ci, averti, réunit ses chevaliers et partit avec ceux qui pouvaient le suivre. Il confia le royaume à son neveu Mordret, le frère de Gauvain.

Or, si Gauvain était l'un des meilleurs compagnons du roi, Mordret, lui, n'était qu'un traître. Son unique souhait depuis longtemps était de régner à la place d'Arthur. Il profita de sa régence pour monter les esprits contre celui-ci. Jaloux et mécontents suivirent le nouveau maître. Peu à peu, Mordret se trouva à la tête d'une véritable armée ; les quelques chevaliers restés fidèles à Arthur n'eurent plus qu'à fuir, pour le prévenir.

Lorsqu'il connut la situation, le roi, qui avait ramené le calme à Rome, se hâta de retourner en Bretagne. Il traversa la Manche. Mordret, averti, se porta à sa rencontre avec ses hommes, auxquels s'ajoutaient les Saxons, décidés à venger les défaites que leur avaient autrefois infligées Penndragon et Uter.

Le choc eut lieu dans la plaine de Salisbury, non loin du tombeau que Merlin avait fait élever au roi Penndragon. La bataille fut horrible. Gauvain, Keu, Sagremor et vingt mille autres y moururent ! Mordret prit la fuite, et Arthur le poursuivit, jusqu'en Irlande. Là, le combat reprit, encore

plus acharné. D'un coup d'épée, le roi tua Mordret le traître. Mais avant de tomber, celui-ci eut le temps de frapper son oncle en pleine poitrine.

La blessure était mortelle. À ceux qui l'avaient transporté à l'écart et qui l'entouraient, Arthur dit faiblement : « Allez chercher Morgane, ma sœur. Elle connaît les plantes et les remèdes. Si quelqu'un peut me sauver, c'est elle. »

Aussitôt quelques hommes partirent. Cependant, Arthur contemplait Escalibur, son épée, celle qui était venue du ciel fichée dans une enclume, et qui l'avait désigné comme roi. Il ne fallait pas qu'elle tombât en de mauvaises mains. Aussi fit-il signe à son écuyer : « Prends Escalibur. Non loin d'ici se trouve un grand lac. Tu jetteras mon épée dans l'eau, et tu reviendras me dire ce que tu auras vu. »

Quand il arriva sur la berge, le jeune homme n'osa pas lancer l'arme dans l'eau. Elle était si belle ! Quel dommage ! Il revint donc vers le roi et, à sa question, répondit qu'il ne s'était rien passé.

« Tu n'as pas jeté Escalibur ! Retourne au lac et fais ce que je t'ai dit ! » L'écuyer obéit. Au moment où il brandit l'épée, celle-ci scintilla. L'eau se gonfla, monta, et lorsque la pointe toucha la surface du lac, une main sortit de l'eau et s'empara d'Escalibur. L'écuyer revint auprès d'Arthur, lui raconta ce qu'il avait vu. Le roi sourit, puis s'évanouit.

Lorsque Morgane arriva, les quelques compagnons d'Arthur encore vivants l'entourèrent en pleurant. Elle s'approcha du lit de fortune où reposait son frère, l'examina.

« Ne pleurez plus », dit-elle, « votre roi n'est pas mort. Je vais l'emmener avec moi en Avalon, je l'y soignerai et l'y guérirai. Et sachez bien qu'un jour, il reviendra. Ce jour-là, la paix régnera de nouveau sur le monde. »

Ainsi se termina l'Aventure merveilleuse de la Table Ronde. Merlin ne reparut plus aux yeux des hommes, qui attendent le retour du roi Arthur. Mais quand celui-ci se produira-t-il ?

© 1986 - 1994 - 2001 - Édilarge SA - Éditions Ouest-France, Rennes
I.S.B.N.978.2.7373.2797.1 - Dépôt légal : avril 2001 - N° d'éditeur 4173.08.1,5.03.09
Cet ouvrage a été achevé d'imprimer en France par l'imprimerie Kapp (Evreux. 27)
www.editionsouestfrance.fr